ÉLOGE

DE

MME DE SÉVIGNÉ,

par F. Collet,

PROFESSEUR AU COLLÉGE DE VERSAILLES.

PARIS,

IMPRIMERIE DE MOQUET ET COMPAGNIE,
RUE DE LA HARPE, 90.

1840.

ÉLOGE

DE

MME DE SÉVIGNÉ,

par F. Collet,

PROFESSEUR AU COLLÉGE DE VERSAILLES (*).

« Ma fille, ce sont des conversations que nos lettres. »
T. 3, p. 363, et t. 8, p. 133.

« Voiture et Nicole, bon Dieu ! quels noms ! et qu'est-ce que vous dites, ma chère enfant? » T. 9, p. 358.

Nous lisons dans l'histoire (1), qu'un jour l'Aréopage, appelé à prononcer dans une cause difficile, ajourna les parties à reparaître dans un siècle. Ce délai, qui semble long dans un procès vulgaire, n'est peut-être que la mesure du temps

(1) Val. Maxime, l. 8, c. 1. A. Gell., l. 12, c. 7.

(*) Présenté au concours de 1840.

qui doit passer sur une grande mémoire avant qu'on fixe le rang qu'elle pourra prétendre. Mme de Sévigné a noblement soutenu le hasard de cette épreuve. Enviée de l'étranger, chère à notre pays, sa renommée s'étend et s'affermit chaque jour. Elle garde l'honneur d'avoir créé un genre [1], le plus simple en apparence, et le plus périlleux de tous : ce genre singulier, qui commande l'emploi des ressources les plus savantes, et ne laisse pas le loisir d'un moment à l'auteur, qui impose plus d'efforts et retranche le temps, exige la perfection et défend le travail. A ces difficultés, vaincues avec tant de gloire, se joignaient pour elle encore d'autres obstacles puissants dont elle a triomphé.

[1] V. les notes. Note 1.

PERMIÈRE PARTIE.

L'influence de Malherbe avait bientôt fait place au règne dangereux de ce goût italien, que l'Espagne avait encore trouvé le secret de corrompre (1). Jamais un sentiment moins vrai des beautés de l'art ne s'unit à plus de passion pour les choses de l'esprit. Richelieu payait un jour le distique le plus étrange d'un magnifique éloge et de cinquante pistoles [2]. On ne se contentait pas d'admirer de mauvais vers; chacun rimait alors, et avec quelle ardeur [3]! Un exemple curieux nous en fera juger. Appelé près du lit de mort d'un ancien ennemi, M. de Jaurezac reçoit ses embrassements chrétiens. Dans l'émotion que lui cause ce retour inattendu, les yeux tout baignés de pleurs, il compose un sonnet.

(1) M. Guizot, Introduction à la vie de P. Corneille, p. 80: « L'imitation de la manière italienne avait été suivie de celle du goût espagnol, ou plutôt le Marinisme italien, avidement accueilli en Espagne, nous en était revenu chargé de toute l'exagération espagnole. Gongora était le chef de cette école. »

2 V. les notes. Note 2.

3 V. ib. Note 3.

Messieurs, pour apprécier une époque si féconde, dans cette foule d'écrivains, je choisirai trois noms d'une gloire bien inégale : ceux de Balzac, de Voiture, et celui de Corneille.

Ces trois génies divers eurent puissamment part au mouvement de ce siècle, et deux d'entre eux pouvaient égarer leurs lecteurs aussi bien que les instruire.

A son propre succès, Balzac doit joindre l'honneur d'avoir frayé le chemin aux prosateurs fameux, dont l'œuvre a trop peut-être fait oublier la sienne. Cette langue ornée par lui de tant de (1) richesse et de nombre, où manque quelquefois une pensée juste et simple, allait bientôt recevoir la pensée de Pascal: l'instrument était prêt, et le grand ouvrier ne se fit pas trop attendre: mais à cette heure, son temps n'était pas venu encore.

Moins animé, moins vrai que cet héritier sublime, Balzac n'échappe point aux exemples de son siècle. Coupable plus d'une fois de recherche et d'emphase, il détruit de sa main une part de son ouvrage : cette diction qu'il forme, il la gâte d'avance, et corrompt par le tour (2) le langage qu'il enrichit des mots les plus heureux. Quand je remar-

(1) V. un magnifique éloge de Balzac par Descartes, t. 6, p. 189, édition de M. Cousin.

(2) C'est par le tour plus encore que par les mots que les langues se corrompent.

que dans son livre cette chaleur apprêtée, qui pourtant, chose étrange ! eut alors quelque puissance, cette pompe romaine trop souvent un peu vide, et cette passion posthume pour des gloires éteintes, je songe que Saint-Simon devait créer pour lui le nom piquant d'*étui de citoyen Romain* (1).

J'ai dit que Balzac avait, malgré de nombreux défauts, exercé quelque empire sur les esprits de son temps. Je me trompe ; s'il régna, ce fut peut-être grâce à ses défauts eux-mêmes. Il est certaines époques, curieuses dans l'histoire, où la déclamation a seule prise sur les âmes, où l'esprit simple et vrai semble froid [4] et suranné, où le faux règne partout dans les lettres et les arts. On reconnaît alors cet étrange phénomène d'une inspiration fausse excitant des passions ardentes et sincères, qu'une éloquence plus vraie ne manquerait pas de refroidir. Les grands esprits eux-mêmes pour garder leur puissance se voient souvent contraints de se mêler à la foule, et au lieu de l'élever vers eux, descendent jusqu'à elle. C'est en de pareils jours que Sénèque fait oublier Cicéron qu'il dédaigne, que Racine ne trouve plus le chemin des âmes françaises, et qu'on surprend

(1) Saint-Simon parlant du maréchal d'Huxelles, t. 14, p. 349 : « Je ne pus me refuser cette malice à cet étui de sage de la Grèce et de citoyen Romain. »

[4] V. les notes. Note 4.

Voltaire sacrifiant aux faux dieux (1). Le rire même, messieurs, c'est-à-dire la plus franche de toutes nos impressions, et celle qui a, plus que toute autre, besoin de vérité, se corrompt dans sa source, et ne sait plus éclater ni se taire à propos. Ceux qui, jeunes encore, admiraient le comique des fameuses Visionnaires (2), furent les mêmes sans doute, qui plus tard restaient froids aux vers du Misanthrope.

La triste autorité du mauvais goût de ce temps ne se fit pas moins sentir à l'émule de Balzac, comme lui précurseur de Mme de Sévigné. Voiture, étincelant de verve, d'esprit et de grâce (3), n'eut que le malheur de naître un demi-siècle trop tôt. Poëte et prosateur, Italien, Espagnol et Gaulois tour à tour, il lui manqua surtout de savoir se dérober aux pernicieux modèles, et de rester toujours naturel et Français. Il est de la famille de ces esprits faciles à qui les vers brillants ne

(1) V. Voltaire jugeant Boileau, lettre à Saint-Lambert, 28 août 1749; à Helvétius, 24 janvier 1740, et 20 janvier 1741. V. sur Molière une lettre à Saint-Lambert, 14 février 1748; sur Racine une lettre à Thibouville, 26 janvier 1762; sur Bossuet, lettre à d'Olivet, 1e avril 1766, etc.

(2) Visionnaires de Desmarets, 1637; le Misanthrope, 1666.

(3) V. son Épître au prince de Condé, ses Stances à la reine Anne, infidèlement reproduites par Mme de Motteville, mais que l'on trouve complètes à la bibliothèque de l'Arsenal; Manuscrit des Lettres de la marquise d'Huxelles, Polygraphie et Miscellanées, n° 369.

coûtent aucun effort ; cette famille, comme on sait, remonte à nos premiers jours; pour qui voudrait seulement la suivre pendant trois siècles, la généalogie en serait facile à faire : Voltaire fils de Lafontaine, Lafontaine fils de Marot, Marot fils de Villon, et Villon fils du peuple. Moins heureux que tous ceux-là, Voiture, gâté d'abord par ses contemporains, leur rendit les exemples qu'il en avait reçus, et ses défauts brillants, recommandés par tant de gloire, devinrent une séduction pour le siècle tout entier. Mme de Sévigné lui conserva toujours un respect que justifiait l'admiration de Boileau, et cet enthousiasme qu'elle exprime plus d'une fois doit ajouter à celui que nous ressentons pour elle. Que ne faut-il pas, messieurs, de modestie et de bon goût pour échapper au désir d'imiter ce que l'on aime, pour ne pas être tenté d'égaler ce qu'on admire ! Elle, toute pétillante de saillies et de verve, elle si souvent louée pour le charme de ses lettres, qui l'arrête et l'empêche de lutter contre le maître? Jamais plus de séductions ne vinrent se réunir, jamais nous ne fûmes plus près de perdre un grand écrivain.

A cette gloire, aujourd'hui si oubliée, de Voiture, on opposait pourtant une gloire, celle de Corneille. Je me contente ici de prononcer ce nom que Mme de Sévigné nous rappellera plus tard. Je dirai seulement que si d'autres renommées balançaient ses honneurs, toute influence du moins s'effaçait devant la sienne. Son théâtre échauffait pour les plus nobles vertus cet enthousiasme ardent des hommes assemblés : le Cid et les Horaces excitaient chaque jour cet héroïsme si fier, dont l'excès même plaisait dans des romans étranges. De tels drames irritaient ce vif besoin de gloire (1), qu'un jeune roi devait bientôt se charger de satisfaire. Là se développa peut-être pour la première fois le génie de notre écrivain, qui s'en souvint toujours. J'imagine volontiers qu'elle dut à Corneille plus encore qu'aux leçons de Chapelain et de Ménage. Tous deux auraient été, pour un esprit moins ferme, dangereux par leurs conseils, surtout par leur exemple. Chapelain, admirateur passionné de Gongora (2), ne trouvait à l'Adone (3) de défaut que sa longueur. Ménage, qui ne put jamais se résoudre à rien perdre de ce qu'il avait une fois imaginé ou lu, oubliait que pour garder tout le piquant de son esprit, il faut souvent ne pas craindre d'en sacrifier une part. Il ne savait pas qu'Horace a

(1) Aussi Napoléon l'eût fait prince.

(2) M. Guizot, Introduction à la vie de Corneille, p. 81 : « Gongora est un des poètes que Chapelain, le grand critique du siècle, propose à étudier comme un des bons auteurs de la littérature Espagnole, qu'il connaissait très bien. »

(3) V. Sévigné, t. 2 p. 337 le jugement de Chapelain sur le poème de Marini.

mis une leçon de goût dans ces deux vers charmants :

Exilis domus est, ubi non et multa supersunt
Et dominum fallunt, et prosunt furibus, etc.

A ces maîtres érudits, Mme de Sévigné n'emprunta que leur science, et se réserva le soin de former son jugement. Curieuse, pénétrante, elle devait sans doute *dérober tout* (1) alors, comme sa fille et Pauline. Elle contractait de bonne heure pour les livres et l'étude une passion qui bientôt dut charmer les loisirs où la laissaient plongée les caprices d'un époux. Cette union malheureuse a laissé peu de souvenirs : nous savons seulement que Mme de Sévigné chercha dans le silence et la pratique du devoir la seule consolation à ses vives amertumes.

Une occasion s'offrait de distractions ardentes : entraîné dans la Fronde, M. de Sévigné venait de prendre parti contre le souverain. L'influence d'un époux et l'exemple de tant de femmes, l'attrait, puissant en France, d'être de quelque chose, enfin l'indépendance commune aux moments de trouble, où l'on oublie ses devoirs en ne pensant qu'à ses droits, rien ne put l'égarer, ni compromettre son nom : Mme de Sévigné, dans ces jours de désordre, sut se faire oublier. Si nous songeons,

(1) Lettre du 16 octobre 1689 à Mme de Grignan : « Sa vivacité ressemble à la vôtre : *votre esprit dérobait tout*, comme vous dites du sien : voilà une louange que j'aime. »

messieurs, à ce silence modeste, et puis au triste éclat des héroïnes mêlées dans ces intrigues sanglantes, ne penserons-nous pas au mot de l'antiquité ? « La meilleure femme est celle dont on ne parle pas. » On a voulu, je le sais, dire qu'une défiance jalouse la retenait dans l'exil : on allègue l'alibi pour la priver d'une louange. Messieurs, cette assertion peut, en partie du moins, se démentir hautement : Mme de Sévigné fit à Paris alors quelques séjours prolongés (1). Toutefois j'imagine qu'elle le quittait sans regret ; fuyant la ville inquiète pour gagner ses rochers, elle dut plus d'une fois, au souvenir d'Herminie, comme elle un peu timide et chassée par la guerre, saluer ces campagnes des vers du poëte chéri :

> D'ogni oltraggio e scorno
> La mia famiglia e la mia greggia illese
> Sempre quì fur : nè strepito di Marte
> Ancor turbò questa remota parte.
> (Gierusal. *liber*. C. 7 st. 8.)

Nos troubles se calmèrent : Mme de Sévigné, veuve au moment de la paix, se trouva toute jeune encore chargée du soin sérieux de réparer sa fortune et d'élever ses enfants. Occupée trois années du premier de ces devoirs, elle reparut enfin dans le monde qui l'attendait.

(1) V. t. 1 p. 11 à 16, surtout la lettre de Bussy, p. 15 : « Il est beau à une femme de vingt ans d'être mêlée dans les affaires de l'état. La célèbre Mme de Chevreuse n'a pas commencé de meilleure heure, etc. »

Une association que le temps et Molière ont flétrie de ridicule, mais qui ne compta d'abord que les noms les plus choisis, les Précieuses (il faut bien les appeler par leur nom), la reçurent au rang des plus illustres d'entre elles. Les adeptes, on le sait, se faisant initier par une sorte de baptême, demandaient un nom nouveau à la fable ou à l'histoire. Mme de Sévigné mérita de recevoir celui de Sophronie : elle en porta le fardeau noblement et avec grâce. Peut-être elle eut sa part des défauts que l'on reproche à ces ruelles fameuses. Où l'excès de l'esprit était le tort commun, Mme de Sévigné put bien se trouver coupable. Nous savons de quel éclat brillait son entretien (1), que peut-être un goût sévère ne réglait pas encore. Mais dès premières sans doute elle comprit l'erreur qui continuait de séduire des esprits moins élevés. C'est ainsi que nous voyons Mme de Montespan, se rappelant de pareils jours, sourire des travers qui avaient été les siens (2).

Mme de Sévigné garda toute sa vie un heureux souvenir de ces années joyeuses (3). Le cours n'en fut troublé que par la perfidie d'un parent qu'elle

(1) Portrait de Mme de Sévigné par Mme de Lafayette: «... Quoiqu'il semble que l'esprit ne dût toucher que les oreilles, il est certain que le vôtre *éblouit les yeux.* »

(2) Souvenirs de Caylus; M. Rœderer, Société polie, p. 237.

(3) V. Sur la gaîté de sa jeunesse t. 8 p. 485, et t. 9 p. 457.

aimait dès l'enfance la plus tendre. Bussy tenta vainement de flétrir par le scandale une vertu qu'il savait digne d'être respectée. Mais, étrange pouvoir de la conscience et du vrai ! l'estime malgré lui se mêle aux traits de la haine, la louange s'échappe du milieu de l'injure, et plus d'une fois le pamphlet semble presque un éloge. Blessée dans l'intérêt le plus cher de sa vie, Mme de Sévigné gémit d'un tel outrage : elle pardonna pourtant, vaincue par le repentir, surtout par la disgrâce de son cruel ennemi : elle ne savait pas résister au malheur. Elle se montra facile et douce dans sa vengeance, comme elle était modeste et simple dans sa vertu. Sage sans ostentation, elle ne tirait pas vanité du devoir, et on ne la voyait point insulter aux faiblesses qu'elle ne partageait pas. Un exemple frappant peut opposer, ce me semble, la paix d'un esprit ferme, et l'élan orgueilleux d'une âme que le combat n'a jamais éprouvée.

En 1660 (la date est d'un grand prix), Mlle de Montpensier, dans une lettre singulière (1), développait le plan d'une sorte de république (dont elle se nommait le chef, on peut bien le penser). Dans ce projet, que je ne dois rappeler que d'un mot, l'amour était banni ; reçus seulement par grâce, les hommes devaient être galants, res-

(1) V. Léopold Collin 1806, lettres de Mlle de Montpensier, de Mme de Motteville, etc. t. 1.

pectueux, esclaves et rien de plus. Le plan, je ne sais pourquoi, ne s'exécuta pas. Vers le même temps, messieurs, Mme de Sévigné n'a point de pensées si hautes : elle ne fonde rien, et demeure à la cour. Mais les années passeront : Mme de Sévigné restera heureuse et libre, Mlle de Montpensier épousera Lauzun sous les yeux de Louis XIV.

Cette noble indifférence, que Mme de Sévigné voulait garder toujours, fut attaquée pourtant par d'illustres hommages. Le bienfaiteur et l'ami de tous les gens de lettres, le magnifique patron de Lafontaine naissant et de Corneille près de s'éteindre, Fouquet lui offrit des vœux, rarement dédaignés.

Pressée et par les grâces de l'esprit le plus brillant, et par les séductions d'une si haute fortune, Mme de Sévigné resta non-seulement pure, mais au-dessus de toute atteinte. Elle eut le privilége rare de faire mentir Boileau (1). Mais le comble de son triomphe fut de garder pour ami celui qui n'avait pu recevoir un autre titre : c'est l'honneur de la vertu de se faire pardonner tout, et de guérir jusqu'aux blessures de la vanité humiliée. Bientôt les temps changèrent, et alors, suivant du cœur Fouquet dans sa prison, elle se trouve tout à coup pour le noble accusé une tendresse si vive et une pitié si ardente qu'on dirait de la passion. Ce mot, messieurs, me rappelle une pensée échappée à un

(1) « Jamais surintendant ne trouva de cruelles. » Sat. 8.

homme placé si haut, que toutes ses paroles pèsent, et qu'on doit tenir compte même de ses erreurs. Napoléon (1), jugeant Mme de Sévigné sur son témoignage seul, et sur l'élan dévoué de sa foi pour le malheur, a cru voir la faiblesse dans le triomphe même de l'amitié et du courage. Il ne savait pas que son siècle et l'hommage de Bussy l'avaient sauvée d'avance de l'injure d'un tel soupçon. Pardonnons cette méprise (naturelle peut-être) à César occupé du passé et de ses Commentaires, ou plutôt remercions-le de s'être ainsi trompé, et puisse, pour l'honneur de celle que nous louons, cette calomnie glorieuse demeurer immortelle !

D'autres liens plus heureux faisaient le charme de sa vie comme ce beau dévouement en avait fait la gloire. Pourrais-je ne pas rappeler ces illustres amis, dont l'estime suffirait à la renommée de toute autre, et dont le nom s'honore d'être lié au sien ? M. de Larochefoucauld, Mme de Lafayette et le Cardinal fameux qu'elle admire et qu'elle aime (2).

(1) Mémorial, t. 2, p. 172. Napoléon remarque à propos des lettres sur Fouquet, que l'intérêt de Mme de Sévigné est bien chaud, bien vif et bien tendre pour n'être que de la simple amitié. V. Ibid. t. 5, p. 107, un jugement sur les Lettres de Mme de Sévigné comparées à celles de Mme de Maintenon.

(2) On lui a reproché de l'avoir placé trop haut, en l'opposant sous le nom de *héros du bréviaire*, à Turenne *le héros de la guerre*. On l'accuse de même de s'être exagéré le mérite de sa fille : et quand il serait vrai qu'elle les eût jugés avec trop de faveur, pourrait-on l'en blâmer? L'indulgence n'est-elle pas le plus beau droit de l'amitié?

C'est dans le commerce intime de ces esprits élevés et de ces nobles cœurs qu'elle voyait s'écouler des jours dignes d'envie. Nous ne pouvons oublier ni Mme de Coulanges, ni son époux gracieux, à qui les vers légers coûtèrent trop peu d'efforts, et qui eut le malheur de n'avoir que des juges trop faciles : enfin ce *bon abbé* dont Mme de Sévigné a payé la tendresse des soins les plus touchants et de l'immortalité.

Les joies de la famille ajoutaient au bonheur de ces douces amitiés. Son fils achevait alors des études brillantes, et *la plus jolie fille de France* croissait sous l'œil attentif de cette mère qui devait bientôt la perdre pour nos plaisirs et notre admiration éternelle.

Quand l'heure est arrivée de cette séparation, une autre vie commence pour Mme de Sévigné ; un sentiment qu'elle-même ne savait pas peut-être si ardent et si vif, se révèle dans sa force, et l'éloquence du cœur anime son génie d'une puissance nouvelle. Son amour, c'est sa vie, son âme tout entière, sa douleur et sa joie, c'est son idolâtrie (1). Quelques troubles légers, qui ont fait soupçonner ce dévouement sans réserve, naissaient de son excès même, et doivent en demeurer le

(1) T. 2, p. 39 : M. d'Andilly « me gronda très sérieusement ; il me dit... que j'étais une jolie païenne ; que je faisais de vous une idole dans mon cœur, etc. »

dernier témoignage (1). Les lettres qu'elle a reçues, qu'elle relit, qu'elle espère sont toute sa pensée et le plus grand événement qui remplisse l'absence. Écrire, c'est pour elle une autre consolation, mais quelle rapidité dans sa course brillante! toute réflexion ſerait injure à sa tendresse. *Il faut entre bons amis laisser trotter les plumes*: la sienne toujours aura *la bride sur le cou* (2).

Ces lettres si faciles, a-t-elle méconnu tous leurs charmes et leurs grâces? J'ose croire que du moins elle n'y pensait pas. Admirée tant de fois, elle sait qu'elle pourra plaire, mais elle sait mieux encore qu'elle n'y doit pas songer. Elle ne compose point et ne sait pas se relire. Elle jouit quelquefois de son esprit peut-être, mais avec abandon, sans recherche, sans envie. Elle aime à répéter et à suivre dans sa fortune un mot fin et gracieux, quelqu'en puisse être l'auteur. Un trait nous donnera la mesure de sa vanité. Observons le respect qu'elle marque pour les noms de Corbinelli, de Bussy, ses maîtres en l'art d'écrire: avec quelle déférence elle leur cède la plume! Elle tremble de voir si près leur pensée et la sienne!

(1) Toute passion vive est inquiète. Quelques nuages surtout ne peuvent manquer de s'élever entre deux personnes, dont l'une, réservée par caractère, témoigne froidement sa tendresse, et dont l'autre exprime la sienne avec effusion, et attend le retour des mêmes épanchements.

(2) T. 4, p. 97.

Je lui reconnais avec joie une part de cette bêtise que Fontenelle a gaiement reprochée à Lafontaine (1), et qui est le faible glorieux de bien d'autres grands hommes.

Je le dis avec confiance : si les livres *de l'Allemagne* et *de la Littérature* (2) avaient été possibles au siècle de Louis XIV, Mme de Sévigné, ne fût-ce que par modestie, ne les aurait pas tentés : tant de pensée et de savoir aurait effrayé celle qui *n'étudiait Descartes que comme on apprend l'hombre, et seulement pour voir jouer* (3) : elle n'aurait pas osé être Mme de Staël. Une preuve à mes yeux de son heureuse insouciance est dans l'incorrection de son travail rapide. Un respect imprudent (4) n'a que trop fait disparaître ces taches qui sont pourtant le cachet de son génie, et *la marque de l'ouvrier*, comme elle eût dit elle-même.

(1) V. Mémoires de Duclos, t. 10 des OEuvres complètes, p. 85. « Il (Lafontaine) se mettait sincèrement au-dessous de ceux dont il avait emprunté des sujets ou de simples traits, ce qui lui fit dire un jour par Fontenelle, qui l'aimait et l'estimait beaucoup : —Tais-toi, tu n'es qu'une bête, qui as plus d'esprit qu'eux. »

(2) De la Littérature considérée dans ses rapports avec les institutions sociales. 1800.

(3) T. 4, p. 372.

(4) Sévigné, t. 1, Notice bibliogr. p. 31 : « M. de Perrin a cru pouvoir retoucher toutes les lettres de Mme de Sévigné, il a châtié son style, etc. » Autant qu'il a été en eux, les derniers éditeurs ont rétabli le texte dans sa pureté.

C'est la rouille qui recouvre une médaille antique, et qui en relève pour nous la rareté et le prix.

Je sais que pour contester sa naïveté piquante, on s'est armé contre elle de sa perfection même : cet argument, je l'avoue, pourrait embarrasser, si les faits ne venaient déposer du prodige, et si le témoignage de sa facilité ne se trouvait plus d'une fois dans la mesure de son œuvre.

Après le mérite du style, ce qui éclate surtout dans cette correspondance, c'est la netteté d'esprit toute française de l'auteur, c'est la rapidité de cette vive intelligence, qui juge tout d'un coup d'œil hardi et lumineux [5]. Cette ferme raison règle tous ses sentiments et préside à sa vie

Elle aime la solitude d'un amour modéré, mais elle a pour les champs un goût vrai et sincère : ce double penchant est, je crois, le gage presque sûr et d'un esprit solide et d'une bonne conscience. Que lui faut-il pour charmer sa paisible retraite ? Des livres, quelques amis et le souvenir des absents. Lafontaine, ce me semble, n'eût pas demandé plus. Serait-ce pour lui qu'elle trace le plan de cette vie si douce, qu'on mène dans son couvent, sous la règle de Théléme (1) ? Le bonhomme se fera peut-être moine de cette abbaye. Je me trompe,

[5] V. les notes. Note 5.

(1) Sainte Liberté ou fais ce que tu voudras. T. 8, p. 93, et t. 9, p. 121.

messieurs, ce cloître le changerait : nous verrions sous la loi qui régit cette maison, un autre Lafontaine moins ami du sommeil, Lafontaine occupé et faisant pour le travail une troisième part de ses loisirs : et puis, le recueillement, qui, aux Rochers, tempère une joie toujours décente, quelques livres austères dont j'entends souvent le nom, m'avertissent qu'il faudrait avancer les années : pour vivre de la vie des hôtes de cette demeure, il faudrait que Lafontaine se fît sage et chrétien.

Un des charmes les plus doux que Mme de Sévigné goûtait dans cet asile était le commerce intime d'un fils longtemps frivole, mais si tendre, si gracieux, si enjoué, si bon lecteur (1). Des critiques sévères ont jugé qu'elle semblait se montrer trop facile pour les erreurs de ce fils coupable, mais séduisant. Ce reproche, je l'avoue, peut sembler légitime, et je blâmerai, si l'on veut, moi-même tant d'indulgence, pourvu, messieurs, que ce soit une mère qui la condamne. D'autres ont cru reconnaître une naïveté trop franche dans les révélations, en effet un peu vives, qui lui échappent sur les torts de ce jeune insensé. Je ne dirai qu'un mot : Mme de Sévigné s'est faite quelquefois peut-être historien trop fidèle : mais l'indécence jamais chez elle n'est que dans les choses, et non dans les paroles. On le sait,

(1) T. 9, p. 265 et passim.

l'impudeur repose moins dans l'idée que dans la forme même dont elle est revêtue : on peut tout indiquer, mais on ne peut pas tout dire. L'expression détournée [6], qui suspend un moment notre pensée incertaine, est comme un voile modeste qui retient les regards, et protége la pudeur. Mme de Sévigné, dans un sujet glissant, eut le secret de ménager les oreilles austères, et c'était la seule loi qu'elle voulût s'imposer.

Comme son panégyriste, j'ai cru devoir, messieurs, la justifier d'un tort ; et puis, je regretterais qu'elle ne pût prendre sa part d'une gloire toute nationale, dont on a, je crois, trop peu félicité la France. On a loué nos pères d'avoir ressuscité les grâces, le bon goût, l'urbanité antiques ; on ajoute qu'ils ont fait renaître la décence : on devrait dire plutôt qu'ils ont su la créer [7].

Les Grecs et les Romains nous étonnent par l'union de l'élégance exquise et de la hardiesse obscène. Le christianisme naissant eut, il est vrai, l'instinct de cette pudeur du discours; mais n'hérita-t-il pas, quelquefois du moins encore, des habitudes d'une langue qu'il n'avait pas créée (1)? Le moyen âge, mêlant tout, la folie et le sérieux,

[6] V. les notes. Note 6.

[7] V. la note 7.

(1) Alors d'ailleurs la réserve de l'écrivain se mesurait à ses convictions et non à son goût. La bienséance n'était qu'un devoir de morale, elle n'était pas encore une règle de l'art.

le sacré et le profane, ne pouvait connaître les lois d'une bienséance sévère. C'est cet enfant à qui Sterne a comparé son livre (1), et qui, dans l'abandon le plus naïf de ses jeux, ne pèche point contre la pudeur, parce qu'il ne la soupçonne pas. Enfin, sous Louis XIV, la France vint proclamer l'alliance salutaire (2) de la réserve et du goût séparés avant elle : elle créa la décence, image de la pureté, et noble hypocrisie des langages de nos jours : le lecteur européen apprit de nous à rougir.

Mais nous voilà bien loin de la retraite des Rochers. Dans cette heureuse demeure, Mme de Sévigné, aux heures de gai loisir, a trouvé quelquefois aux dépens de ses voisins des distractions peut-être assez peu charitables.

On l'accuse très haut de quelques malices gracieuses qui se rencontrent, je l'avoue, dans sa correspondance, et qu'on blâme sévèrement, bien

(1) « Mon livre, disait-il à une jeune dame qui l'accusait de trop de hardiesse, est comme votre jeune héritier que voilà (et il désignait du doigt un enfant de trois ans, en tunique blanche, qui se roulait sur un tapis) : il montre parfois une bonne partie de ce qu'on cache d'ordinaire; mais le tout en parfaite innocence. » (W. Scott. Biogr. des Romanciers, article Sterne.)

(2) Si on révoquait en doute l'utilité morale de la décence dans les mots, nous rappellerions avec quel empressement on en secoue le joug aux époques de licence. Les passions, et quelques-unes surtout, ont un instinct bien sûr de ce qui leur nuit ou les sert.

qu'on en ait souri. Je ne rejetterai pas la meilleure part de ce tort sur une fille adorée, qui rencontre déjà trop de censeurs rigoureux, et dont ce fut le malheur d'être connue de nous seulement par des louanges. Mais je rappellerai l'attrait du besoin dangereux de plaire ; je dirai que Voltaire (et quelle autorité !) regarde le sacrifice d'un trait fin et mordant, comme le dernier degré de l'héroïsme en France (1). On le sait, un bon mot guérit et console tout, nous venge de l'ennui, des sots, de l'impôt même : ne sommes-nous pas tous un peu fils de cette Fronde dont Mazarin disait ? « Elle paiera, puisqu'elle chante. » Pour être justes enfin, songeons quelles tentations venaient souvent assaillir un esprit si brillant : rappelons-nous ce prochain *si plaisant au dessert* : prenons pour un moment place au banquet de Vitré, et ne commandons pas de vertu surhumaine.

Ce nom de Vitré me fait souvenir d'un autre tort plus grave, dont on charge la mémoire de Mme de Sévigné. On lui reproche durement d'avoir vu d'un œil sec les malheurs d'une province depuis longtemps la sienne, et d'avoir trouvé

(1) A Mme du Deffant, 7 mars 1764. En lui envoyant quelques vers qu'elle avait demandés. Il faut bien que je compte un peu sur vos bontés, « puisque j'ose vous envoyer de telles fadaises. J'ose même me flatter que vous n'en direz du mal qu'à moi. *C'est le comble de la vertu pour une femme d'esprit.* »

même dans les vengeances du trône la source d'une gaîté que nous ne partageons pas. Ici le blâme est juste, et je n'ai pas dessein de le repousser tout entier ; mais me permettra-t-on de le trouver trop sévère ? Pour l'affaiblir, messieurs, je pourrais d'abord l'étendre, et rendre tout un siècle complice de cette dureté dont on accuse une femme. Je dirais qu'on ne savait guère se prendre alors de passion pour les souffrances du peuple (1). Je dirais que telle sympathie qui semble irrésistible, et que nous croirions être la loi de notre nature, est d'une date souvent bien récente dans l'histoire, est le bienfait des lumières qui nous l'ont révélée, et la marque d'un progrès plutôt que l'instinct du cœur. Il a fallu des siècles peut-être pour la faire naître, et l'intervalle d'une mer suffit pour l'étouffer. L'Athénien de sang froid étudiait la sagesse en faisant battre son esclave, et le planteur de nos jours renouvelle ces cruautés. Je pourrais donc, appuyé de ces tristes exemples, avouer que sous Louis XIV une femme de grand nom dédaignait les malheurs d'une race au-dessous de la sienne. Mme de Sévigné repousserait une telle défense; toujours sage et chrétienne, elle n'imaginait pas que sa naissance pût lui faire oublier un devoir. Indulgente et facile pour tous ses domesti-

(1) Je ne parle pas de la charité pour les individus : je parle de la sympathie pour les masses.

ques, elle savait s'abaisser jusqu'à souffrir leurs jeux, et permettait qu'une fois ils osassent la surprendre (1). Aussi les voyons-nous, dévoués à leur maîtresse, faire de son souvenir leur dernière pensée dans de touchants adieux (2). Sabonté va plus loin, et se répand au dehors; inquiète, et attendrie de la misère publique, elle s'irrite qu'on ose enfouir des richesses, dont le malheureux a droit de demander sa part; cette dureté l'offense, elle s'en fait une injure (3). Mais elle ne borne pas sa vive sollicitude aux souffrances terrestres et passagères du pauvre; effrayée de l'ignorance des paysans d'Époisses (4), elle regarde comme un devoir d'instruire *ses pauvres villages* qui n'ont point entendu prononcer le nom du Christ (5). Mais les Bretons eux-mêmes, elle les aime aussi; elle les aime, messieurs, car elle les admire; elle les a loués par un de ces mots de génie qui s'échappent du cœur, et le peignent tout entier [8]. Comment donc expliquer cette froide insouciance qui lui fait oublier de si cruelles misères?

(1) V. t. 6 p. 333, 334 et 370.

(2) V. lettres inédites de Mme de Sévigné (Blaise, 1827) p. 36.

(3) V. t. 10 p. 51, son indignation contre Mme de Meckelbourg.

(4) Nom d'une terre de Bourgogne qui lui appartenait.

(5) V. lettres inédites publiées par Klostermann, 1814, p. 81.

8 V. les notes. Note 8.

Messieurs, si ces misères ne l'ont pas émue autant que le souhaiteraient ceux qui l'aiment, ce n'est point aux paysans, je crois, c'est aux rebelles qu'elle refuse de donner ses larmes et sa pitié. Jeune, puissant et vainqueur, Louis en quelques années avait anéanti jusqu'au souvenir de la Fronde et fait une religion du respect pour son trône. Cet empire absolu, l'Église le reconnaissait [9] aussi bien que la cour, et de tous les attentats, une révolte alors était le plus odieux. Mais, plus que personne ici, Mme de Sévigné devait s'alarmer de l'injure faite aux droits de la couronne. Gouverneur de Bretagne, M. de Chaulnes y possédait la même autorité qu'exerçait en Provence l'époux de sa fille chérie. Elle dut plus d'une fois être frappée de ce souvenir, et un mot qui la trahit nous l'en montre occupée (1). Enfin, il faut le dire, ces Bretons, aujourd'hui entourés de l'intérêt qui s'attache au malheur (et pour quelques-uns peut-être à la rébellion même), devaient inspirer sans doute une sympathie moins vive à ceux qu'avaient menacés ou effrayés leurs violences, et qui, voyant de plus près, les jugeaient par des crimes, le pillage, le viol, le meurtre et l'incendie [10]. Ainsi appréciées,

[9] V. les notes. Note 9.

(1) T. 4, p. 64. « Cette province est un bel exemple pour les autres, et surtout de respecter les gouverneurs et les gouvernantes. »

[10] V. les notes: Note 10.

messieurs, ces lettres, coupables sans doute de trop d'esprit et de grâce, pourront paraître encore dignes de quelque indulgence [11]. Enfin un trait curieux de cet esprit si piquant, serait, à mes yeux du moins, une dernière excuse; c'est cette verve légère, oublieuse et française, cet élan national qui anime toutes les pages d'une correspondance écrite *impétueusement* (1). On ne peut le méconnaître : joyeuse par caractère, elle conserve encore la gaîté de son langage, lors même que le chagrin a pris place dans son âme : Andromaque chez Homère sourit parmi les pleurs. Et puis à quel danger ne l'expose pas sa franchise! Sincère et passionnée, elle s'est fait une loi de ne jamais retenir l'idée une fois conçue, de ne rien effacer, de se livrer tout entière. Ses plus secrets mouvements, ses erreurs, ses faiblesses, elle raconte tout, et avec autant de grâce que de naïf abandon. Téméraire, qui ne sait pas que chacune de ses paroles, une fois échappée va demeurer immortelle, et que cette plume si légère est le pinceau qui la retrace aux siècles avenir. Il me semble la voir se placer imprudemment sur cette pierre de Coulanges (2), où se trouve l'écho dangereux dont elle parle un jour,

[11] V. les notes. Note 11.

(1) T. 8, p. 304. « Enfin, ma fille, cette lettre est mieux rangée *quoique écrite impétueusement.* »

(2) Lettre du 29 octobre 1689. « Nous en avons un (un écho)

et qui redit au loin ce qu'on lui a confié tout bas : elle croit ne se livrer qu'à des oreilles fidèles, et c'est le monde entier qui l'épie et l'écoute.

Et cependant, qui jamais eut moins qu'elle à souffrir de cette confession si franche et si involontaire ? D'autres livres pareils nous montrent leur auteur coupable de bien des fautes contre la loyauté, de ces perfidies de chaque jour dont on est souvent fier ; et qui se couvrent dans le monde du nom de savoir-vivre. Faut-il rappeler l'exemple de Cicéron lui-même ? Montesquieu, vous le savez, dans un jour d'indulgence, nous parle de la naïveté du siècle de ce grand homme, siècle étranger, dit-il, à nos mensonges polis (1). Verrons-nous dans cet éloge autre chose qu'un préjugé ou plutôt une formule de l'école philosophique, si nous songeons aux louanges tendres et affectueuses dont Cicéron caresse celui qu'à la même heure il juge plus dangereux que le tyran immolé [12]? Redirai-je ici les torts semblables ou plus graves que révèlent plus d'une fois les lettres de Voltaire [13] ? Mme de Sévigné ne craint point une telle épreuve. Son

dans cette place Coulanges, qui est comme celui de la Trousse, *et qui est petit rediseur mot à mot jusque dans l'oreille.* » Cet écho est indiqué par une pierre.

(1) Grandeur et Décadence, c. XI.

[12] V. les notes. Note 12.

[13] Voir les notes. Note 13.

langage ne change pas selon le temps et la personne : elle ne professe point d'amitié qu'elle démente ; on ne la voit point flatter ceux qu'elle traitera d'ennemis. Des ennemis, je me trompe, elle n'en eut jamais (1). Elle dit quelque part qu'avec elle la paix est aisée à maintenir (2). Ce n'est point là l'illusion d'un esprit difficile, aveugle sur ses caprices. Nous la voyons, fidèle aux nœuds une fois formés, ne perdre d'autres amis que ceux qu'enlève la mort. Nous n'avons point le regret en poursuivant son livre, d'y trouver effacés ou désormais rappelés seulement par l'injure des noms que nous aimions sur la foi de l'auteur même.

L'amitié, c'est le charme de sa vie tout entière, c'est sa première pensée et sa plus chère étude. Elle en a fait une science qu'elle se plaît à répandre. Mme de Chaulnes lui doit d'en connaître les douceurs (3), et plus tard les enseigne au frère de

(1) Lettre à Bussy, 6 juillet 1670. « Je n'ai point d'ennemis. »

(2) 5 novembre 1680. « Ah! mon enfant, qu'il est aisé de vivre avec moi ! »

(3) Lettre 27, décembre 1684 : « Je vous prie de voir quelquefois cette duchesse de Chaulnes : comme elle n'est point versée dans l'amitié, elle a toute la ferveur d'une novice, et me mande qu'elle ne cherche que les gens avec qui elle peut parler de moi...; *enfin j'ai fait aimer une âme qui n'avait pas dessein d'aimer.* » Et, 3 février 1695 : « Je loue Mme de Chaulnes *d'avoir appris l'amitié à Monsieur;* c'est une science que les personnes de l'élévation de Monsieur n'ont pas le bonheur de connaître. »

Louis XIV. Mme de Sévigné, vous le voyez, faisait école, et ses disciples devenaient des maîtres.

Au milieu de ces soins tendres et dévoués pour tous, les années s'avançaient, et la vieillesse enfin était venue la surprendre. On sait combien d'avance elle redouta cet âge, qu'elle détestait alors d'une voix bien éloquente. Elle se défiait trop et de son esprit si sage, et de son respect soumis pour cette Providence, dont le nom se mêle sans cesse à sa joie, à ses larmes. Quand elle eut vu de près ce monstre, objet de tant de crainte, elle sourit la première de ses vaines terreurs (1). Telle qu'elle se montrait vive, brillante et joyeuse, aux temps de sa jeunesse, telle nous la retrouvons jusqu'à ses derniers jours. Elle garde sa gaîté, et ce qui est plus rare peut-être, elle sait pleurer encore. Occupée de l'avenir, elle devient plus sévère (2), mais de cette sévérité des âmes douces et honnêtes, qui s'exerce au dedans et sur leurs propres faiblesses (3). Elle est dévote sans bruit, sans faste, et pour Dieu seul.

(1) V. une lettre charmante à M. de Moulceau, 27 janvier 1687.

(2) Lettre à Bussy, 27 juin 1769 : « Je dis toujours que si je pouvais vivre seulement deux cents ans, *je deviendrais la plus admirable personne du monde*. Je me corrige assez aisément, et je crois même qu'en vieillissant j'y ai plus de facilité. »

(3) Lenior ac melior fis accedente senectâ
Natales gratè numeras, ignoscis amicis.

Horace semble parler pour elle.

Enfin lorsqu'elle goûtait le bonheur souhaité d'être réunie aux siens, l'heure du dernier combat arrive tout d'un coup. Fin cruelle et glorieuse ! A peine elle se confie à ces joies inquiètes que lui donne le salut de sa fille conservée, cette vie qu'ont rachetée tant de veilles et d'angoisses, cette vie si précieuse va lui coûter la sienne. Victime de sa tendresse, elle meurt sans regret ; le ciel exauce son vœu, elle mourra la première. Douce, ferme et pieuse, assurée dans la paix d'une âme soumise et pure, elle trouve au lit de mort ce courage qu'elle n'avait pas pour de moindres épreuves. Du moins rien ne manquait à ses consolations : ses yeux mourants se fermèrent sur ses enfants en pleurs, et ses mains défaillantes pressèrent une fois encore des mains chèrement aimées.

Rappellerai-je le concert de louanges et de regrets qui retentit plus d'un jour près d'une tombe si sainte ? De toutes ces louanges, messieurs, je n'en choisirai qu'une, c'est celle d'un malheureux qui mourait en prison. « Que Mme de Sévigné n'est-elle encore de ce monde ! redisait l'infortuné du milieu de ses souffrances ; elle serait la première ici, à mon chevet » (1). Qu'ajouterai-je, messieurs, après un tel souvenir ? Parlons de son génie, nous ne saurions mieux faire ; l'éloge de M. d'Harouïs suffit à sa vertu.

(1) V. Lettre de Mme de Coulanges, 25 octobre 1696.

DEUXIÈME PARTIE.

Mme de Sévigné, Messieurs, fait tout ensemble l'éloge le plus heureux de son rare talent, et définit d'un trait le genre où elle excelle, lorsqu'elle trace ces mots adressés à sa fille : Nos lettres ne sont autre chose que des conversations. Son langage en effet, est le langage brillant de la plus aimable cour. Son génie s'est formé dans le doux entretien de Larochefoucault, de Retz, de madame Lafayette, de Bussy, de Lafontaine, de tous ces esprits choisis dans un monde d'élite.

Le besoin de causer finement est *de vieille date en France* (1), mais jamais cette passion ne fut ni plus ardente, ni satisfaite aussi plus noblement qu'alors. Quelle part de son éclat le siècle ne dut-il pas à ces cercles célèbres, assemblés chaque jour?

(1) Caton, Origines, liv. 2, cité par Charisius Sosipater, liv. 2. « *Pleraque Gallia* duas res industriosissimè persequitur, rem militarem et *argutè loqui.* »

Là, se pratiquait cet art de mêler avec grâce le sérieux et l'enjoué, le familier et le grand : une réserve modeste ornait tout le discours, la plaisanterie plus grave en semblait plus piquante[14]. Là, se ressentait de plus près la puissante influence de l'esprit du souverain, de sa pensée,[15] de son langage. Cette cour avait reçu de lui l'exemple d'une gravité qui n'est pas dans nos mœurs, mais qui venait d'en haut, qui descendait du trône et de la chaire sacrée, et que maintenait à la fois la religion et le prince. Une dignité simple, une véritable grandeur remplaçait l'illusion des rêves romanesques, et le faste suranné du civisme Romain. Reines de ces assemblées, les femmes y portaient une élégance nouvelle[16], une langue plus ornée, plus vive, plus polie, enfin cette émulation de goût, d'esprit et de grâce, que chez nous ne manqua jamais d'éveiller leur présence. Mille sujets différents venaient tenter tour-à-tour tous ces esprits divers ; mais surtout on pesait les gloires contemporaines, et le génie s'animait par la louange ou l'exemple. De là, sortirent, messieurs, riches de leurs souvenirs, (1) tous les talents élevés de ce siècle si fécond :

[14] V. notes à part 14.

[15] V. note 15.

[16] V. note 16.

(1) Ce sont les conversations de la duchesse de Bouillon qui inspirèrent à Lafontaine ses contes. (V. M. Rœderer Soc. polie, p. 194.) St.-Simon tout entier est une conversation.

de là sortit surtout Mme de Sévigné. Noble, aisé, délicat, son style nous rappelle une si brillante école. Son élégance variée et ses grâces légères sont l'heureuse tradition de cette cour polie.

Ce n'est point sans doute, messieurs, une tâche facile que d'essayer de saisir sous sa forme la plus vraie ce génie qu'on voit revêtir mille formes tour-à-tour, et de savoir démêler entre ses titres divers celui qui doit rester son titre le plus glorieux. Un mérite pourtant me semble se distinguer chez elle par-dessus tous, et serait à mes yeux le trait le plus frappant d'un esprit si complet : cette faculté, messieurs, c'est l'heureux don de peindre. Toujours vivement émue, elle sait tout animer par un art qui est le sien ; ce qui a frappé sa vue ou ce qui touche son âme, elle le reproduit d'un mot qui le met sous nos yeux. Elle est au premier rang de cet ordre d'écrivains, dont l'idée, le sentiment se traduisent en images, *qui voient tout ce qu'ils pensent* (1), comme on l'a dit de Montaigne, autre peintre immortel. Oserai-je dire que ces peintres sont assez rares en France ? Notre génie n'a rien à craindre d'un tel aveu : sa gloire n'y perdra pas pour être différente (2).

(1) M. Villemain, éloge de Montaigne : « Cet homme n'a point de supérieur dans l'art de peindre par la parole ; ce qu'il pense, il le voit, etc. »

(2) V. M. Michelet, Origines du droit introduction p. 120.

Mais chez nos écrivains et chez les poëtes eux-mêmes, je crois voir que le plus souvent la pensée n'appelle pas l'image à son secours : simple et sans ornement, elle ne se soutient que par la vigueur du fonds, ou le tour piquant et vrai. Pour nous remuer à son gré, le grand Corneille, messieurs, n'a pas besoin de tableaux. Ce poëte sans éclat tient notre âme sous sa main, comme la prose nue de l'auteur des *Pensées*, atteint le dernier degré de l'éloquence humaine. L'image forte et puissante se trouve aussi quelquefois chez ces auteurs austères ; mais alors, si je l'ose dire, elle sort des entrailles de la pensée elle-même, elle me semble monter du fond à la surface. Mme de Sévigné, comme Bossuet et Montaigne, nous amène toujours par l'image à l'idée; la poésie est partout dans sa prose éclatante, et ses vives couleurs ne l'abandonnent jamais. La douleur et le regret, ennemis de tout ornement, ne font pas tomber de ses mains le pinceau vif et gracieux : elle ne dépouille pas sa parure dans le deuil. Racine, quand il nous montre Iphigénie en pleurs, ne lui prête que l'art touchant de la plus simple éloquence; mais Bossuet, en achevant de célébrer Condé, ne nous éblouit pas moins qu'il ne nous attendrit, et comme lui, ce talent d'émouvoir et de peindre, Mme de Sévigné le fait éclater sans cesse, quand elle pleure un héros regretté de la France entière. Souvent elle n'attend pas pour remuer notre âme, qu'un sentiment profond vienne agiter la sienne : se livrant aux caprices les plus inattendus, elle sait faire naître mille occasions de poésie que nous ne soupçonnions pas. L'évêque de Marseille lui a fait visiter le port de la vieille cité, nous pouvons espérer une description piquante ; mais aurions-nous pensé qu'au moment de partir, elle irait se placer *sur le poing de Monseigneur* (1) ? Voilà le trait imprévu qui naît de son génie seul ; où nul ne voyait rien, elle crée un tableau.

Quel attrait ne prête point aux plus simples récits son imagination pittoresque et riante ? Qui n'efface-t-elle pas dans cet art de conter, dont le secret pourtant est si commun en France ? Je ne citerai point ces narrations si vives et tant de fois vantées du mariage de Lauzun, de la mort de Vatel, du passage du Rhin, et mille autres encore, où elle a su déployer une éloquence si haute. Là le sujet s'offrait attrayant et animé : il pouvait exciter une verve moins brillante : j'aime mieux la surprendre dans ces récits plus humbles, que le génie du conteur pouvait seul soutenir, et qui disparaîtraient si on leur ôtait sa grâce. Je choisirai l'aventure des esprits qui sont venus une nuit peupler son mail, et qu'elle va visiter *par respect*

(1) T. 3, p. 58. « Enfin on dîne, et après dîner me *revoilà sur le poing de M. de Marseille*, à voir la citadelle et la vue qu'on y découvre, etc. »

pour la lune (1). Je rappellerai l'histoire délicieuse du petit chien qu'elle reçoit un jour de la princesse de Tarente; ce chien tout parfumé, qui a *des oreilles*, *des soies*; elle ne l'aime point encore, mais il s'attache à elle, elle *craint de succomber* (2).

Si sa plume sait prêter à ces détails frivoles un attrait que nul autre n'aurait pu leur donner, quel plaisir de la voir devenir l'interprète des événements d'une cour qu'elle a fait mieux connaître, de trouver un historien chez cette femme si gracieuse et des annales sans prix dans des lettres charmantes! Là se trouve raconté jour à jour le mystère des amours du grand roi, de ses retours, de ses faiblesses. Là nous suivons le progrès de l'étonnante fortune de cette amie autrefois obscure, délaissée, que l'auteur (sans jalousie) voit s'élever jusqu'au trône. Nous surprenons dans le charme d'une douce intimité ces hommes de grand nom, si chers aux lettres françaises; Bossuet, dont elle reçoit un billet fort joli (3), Despréaux qui dispute et fait triompher le goût (4),

(1) T. 6, p. 314.

(2) T. 4, p. 83.

(3) T. 1, p. 288 : « Voilà une lettre de M. de Condom qu'il m'a envoyée *avec un billet fort joli.* »

(4) T. 9, p. 307.

Racine plus heureux, et rappelant au souverain un ami disgracié (1).

Mais ce qu'on aime surtout à étudier dans ce livre, et ce qu'on y trouve le mieux, c'est l'écrivain lui-même; c'est ce caractère si doux, si ingénu, si vrai, qui lui gagne notre confiance, et devrait lui faire autant d'amis que de lecteurs. Quand on a pu juger par l'étude de ces lettres un esprit si liant, orné de tant de grâces, on a peine à comprendre que l'injuste dédain ait osé plus d'une fois flétrir cette belle mémoire. Peut-être la nature même du livre que nous louons nous donnerait le secret de ces poursuites étranges.

Comme tous les écrivains illustres et féconds, Mme de Sévigné est consultée souvent aux heures de loisir, rarement étudiée, et jugée tous les jours. Ainsi sa gloire se trouve incessamment en cause, et parmi les arbitres appelés à prononcer, combien de juges inhabiles ou prévenus contre elle!

N'a-t-elle pas pour rival quiconque se croit doué de l'heureux talent d'écrire? (autant d'ennemis déjà, presque, que de lecteurs). On ne s'avise guère d'envier le succès de l'auteur d'une épopée, d'un poëme, d'un drame. Cette gloire est trop haut, et elle coûte trop d'efforts. Mais ici qui pourrait retenir notre ambition? Quel obstacle se place entre

(1) T. 8, p. 321. Il obtient pour M. de Pomponne la faveur 'assister à la représentation d'*Esther*.

nous et le triomphe? Cet auteur admiré, c'est une femme de la cour : ce livre si souvent lu, c'est l'ouvrage du hasard. Nous en savons le secret que racontent toutes les pages : la plume *galoppait seule* (1), et cherchait aventure; une verve emportée tenait lieu de réflexion : la *Folle du logis* en devenait la maîtresse. Comment la vanité pourrait-elle se défendre de l'attrait de conquérir des louanges si faciles, ou comment croirait-elle ne pas les mériter?

Mais l'amour-propre, messieurs, ne méconnaît pas seul les droits de ce beau génie, souvent l'amitié même nous les fait oublier. Quelqu'un achève-t-il une lettre gracieuse et vive, il est rare qu'on l'entende en célébrer l'auteur, sans que notre grand écrivain coure quelque péril. Sa renommée est chaque jour offerte en holocauste à des gloires inconnues, comme le panégyriste du guerrier le plus vulgaire immole à son héros Alexandre et César. Il n'est que trop facile de s'enthousiasmer pour la lettre chérie, qu'on ouvre d'une main tremblante, qu'on brûle de parcourir et qu'on craint d'avoir lue, qui parle des absents et console de l'exil. Mme de Sévigné elle-même, vous le sa-

(1) T. 1, p. 35 : « Et je vous fis une petite lettre en galoppant, etc. »

T. 4, p. 97 : « Il faut... laisser trotter les plumes comme elles veulent; la mienne a toujours la bride sur le cou. »

vez, voulait embrasser de joie le porteur de tels messages, cet homme si obligeant, si honnête, et si crotté (1).

Rien n'est plus périlleux que de se trouver tout seul en possession d'un titre où mille autres prétendent. Mme de Sévigné, autant que personne peut-être, est en butte à ce danger. De là l'injuste mépris qu'osent avouer pour elle des hommes à qui l'on peut, sur l'avis d'un critique (2), faire cette question seulement : « Avez-vous lu son livre? » De là cette sévérité, je le dirai, peu française, pour les aimables erreurs d'une femme si brillante ; vive, passionnée qu'elle est, on voudrait que, pour nous, elle se fît Stoïcienne. Elle aime sa noblesse, dit-on, et se montre fière de la généalogie qu'elle a reçue de son parent. Je n'essayerai point de nier le tort dont on l'accuse. Je craindrais, si je l'ose dire, de la justifier trop, et en voulant lui ôter une innocente faiblesse, je m'exposerais peut-être à la priver d'une grâce.

Je demande seulement si l'on devait attendre le mépris des droits du rang à la cour de Louis XIV, dans ce siècle qui blâmait un orateur sublime

(1) T. 2, p. 262 : « Vendredi j'arrive à Laval ; j'arrête à la poste : je vois arriver justement cet honnête homme, cet homme *si obligeant, crotté jusqu'au c..*, [17] qui m'apportait votre lettre; *je pensai l'embrasser.* »

(2) M. Sainte-Beuve.

17 V. les notes à part. Note 17.

d'avoir osé nommer Turenne trop près de Condé, et rapproché un moment, au pied des autels, ceux qu'égalait le génie, la victoire et la mort (1). En présence de tels faits, qu'on accuse si l'on veut Mme de Sévigné.

Et ne lui reproche-t-on pas un amour-propre frivole ? Étrange vanité, qui s'entretient si peu de tout ce qui la flatterait, qui ne revient jamais au souvenir de ses triomphes, et ne rappelle pas d'un mot les succès éclatants d'une si longue jeunesse.

Je remarque toutefois que sur un point important, ses plus cruels ennemis se sont montrés justes pour elle. On ne l'accusa jamais de la recherche du savoir. En vain ses lettres révèlent une instruction variée ; elle a beau dévorer les in-folios même (2), nous parler de Tacite, de Lucien, de Virgile, loin de lui prêter le dessein de se montrer savante, on ne songe pas même à son érudition : à peine si l'on se souvient de ses lectures nombreuses, et quand, de la meilleure foi, elle

(1) M. de Monmerqué, t. 1, de Mme de Sévigné, p. 220, cite à propos du mariage de Mademoiselle ce passage inédit des Mémoires de Lafare: « La reine même, qui ne se mêlait de rien, parla au roi fortement; Monsieur encore davantage, et M. le prince dit au roi, quoique respectueusement, *qu'il irait au mariage du cadet Lauzun, et qu'il lui casserait la tête, en sortant, d'un coup de pistolet.* »

(2) Elle en lit un en quatre jours, t. 2, p. 7 ; un autre en douze jours, t. 7, p. 206

vient à protester de son étrange ignorance, on est presque tenté d'abord de la prendre au mot. Cependant, qu'elle est féconde en citations piquantes ! De combien de souvenirs l'enrichissent tour à tour la poésie et l'histoire ! Nos auteurs, l'Arioste, et jusqu'aux Grecs eux-mêmes, elle sait tout et toujours elle sait à propos. Elle s'aide incessamment du secours de sa mémoire, mais avec tant de bonheur qu'on reconnaît qu'elle eût pu créer ce qu'elle emprunte : se souvenir ainsi, c'est presque imaginer. L'épopée, le roman, n'ont point de fiction si vive qu'elle s'effraye de rappeler et d'associer gaiement aux faits de la vie réelle. Engage-t-elle un ami à lui rendre une visite, elle compte bien qu'il prendra la voie de l'hippogryphe, et la même monture ne manquera pas, dit-elle, *de le ramener au sermon* (1).

Veut-elle renoncer à ses brillants souvenirs et se confier seulement à sa propre richesse, quel riant coloris elle prête à ses tableaux ! Vous rappellerai-je, messieurs, ces charmantes descriptions qui naissent sans effort, et se mêlent au récit, sans le troubler jamais ? Loin de là, ces vives peintures semblent toujours répondre au besoin de notre esprit, et redoublent notre attention, au lieu de la distraire. Je dois l'avouer, il est vrai, plus indépendant que tous, l'auteur épistolaire

(1) V. Lettres inédites, Klostermann, p. 37.

trouve dans ces ornements un moyen plus facile, et souvent plus heureux. Rien ne gêne la liberté de sa plume aventureuse, et le respect d'un plan ne contraint pas ses caprices. Le poète et le romancier, avant d'oser écrire, doivent interroger timidement leur lecteur : pour eux, l'inspiration ne suffirait pas toujours, et l'à-propos, peut-être plus jamais nécessaire n'est que trop souvent aussi difficile à saisir. L'attrait du livre même (1) se tourne contre l'écrivain qui abandonne son sujet, fût-ce pour l'embellir ; il irrite d'autant plus qu'il avait su mieux plaire. Vainement sa digression est riche, étincelante ; un lecteur impatient dédaigne cet éclat. Le voyageur pressé par de chers intérêts ne veut point consentir à se détourner de sa route, même pour contempler le point de vue le plus gracieux : nous pouvons suivre partout l'auteur épistolaire, parce que nous voyageons quelques instants seulement et pour notre plaisir.

Mais, messieurs, je m'aperçois qu'en parlant de digression, je pourrais donner l'exemple dans le

(1) On éprouve quelquefois une sorte d'impatience en lisant chez Walter Scott des descriptions de costumes, quand on voudrait déjà voir les héros en scène. Sterne peut décrire longuement (*), parce que l'intérêt de sa narration est nul, ou plutôt dérisoire.

(*) Je ne parle que de ses descriptions : ses digressions sont quelquefois hors de toute mesure.

précepte même : je reviens aux descriptions de Mme de Sévigné. J'aime surtout surtout à la voir retracer avec amour la beauté de ces Rochers, en partie son ouvrage, et célébrer dignement les charmes qu'elle a créés. Que cette demeure est bien choisie pour son séjour ! Elle y a prodigué la poésie et la grâce, et répandu de plus près ses plus riches trésors. Le souvenir de la famille se trouve mêlé partout aux délices champêtres : les noms heureux de ces bois rappellent des noms aimés (1). Et puis ces arbres vivants qui parlent et se répondent (2), qui sont poètes, qui ont de l'esprit ! Je ne m'y trompe pas, il y a derrière tout cela une enchanteresse : Armide ou Mme de Sévigné.

Lorsque, poussé par l'âge à de ruineuses folies, son fils, autre Renaud, ose porter la hache dans les sombres allées d'une retraite qu'elle aime, quelle plainte ravissante on l'entend soupirer ! Quels poétiques gémissements lui arrache la chute, j'allais dire la mort *du plus vieux bois du monde.* Ces dryades affligées qu'elle aperçut la veille, ces sylvains qui ne savent plus où trouver un asyle,

(1) La place Coulanges ; L'Humeur de ma mère, l'Humeur de ma fille : nom de deux allées.

(2) T. 5, p. 25 : « Je lis, je travaille, je me promène ; je ne fais rien : *belle cosa far niente*, dit un de mes arbres ; l'autre lui répond : *amor odit inertes ;* on ne sait auquel entendre.

avec quelle grâce touchante, et presque quel amour, elle conte leurs regrets et prend part à leur deuil!

C'est qu'elle a l'heureux don de cette sympathie sans bornes que Lafontaine ressent pour la nature entière, surtout pour la nature animée et vivante. Ne dirait-on pas, messieurs, que c'est le fabuliste lui-même qui a si bien pénétré le secret des rossignols, qui les voit tout aux soins de leur petit ménage, et, quand on parle pour eux de chansons ou d'amour, les déclare *occupés de pensées plus solides*?

Lafontaine plus d'une fois pourrait lui envier encore les élans inspirés de sa passion pour les champs. Quand l'hiver va finir, elle entend les fauvettes, les mésanges, les roitelets et *un petit commencement de bruit et d'air du printemps* (1). Vous le voyez, messieurs, elle touche ici de bien près au plus simple de nos auteurs : veut-elle s'élever, elle atteindra peut-être le plus majestueux de tous : elle aura Bossuet pour rival. Et ce merveilleux changement s'opère souvent d'un mot : sa pensée tout à coup s'anime et s'agrandit : la femme naïve devient un écrivain sublime. Parle-t-elle du

(1) T. 7, p. 280.

(2) Ah! la jolie chose qu'*une feuille qui chante!* t. 6, p. 343. Lucrèce a dit, l. 1, v. 255 :

« Frondiferasque domos avium canere undique silvis. »

et Ducis : *des buissons qui chantent.* (Lettres.)

danger d'une invasion anglaise : « Nos mers sont tout émues » écrit-elle à sa fille : Si elle s'effraye de ne point être assez avare des heures, et de les *pousser*[18] même quelquefois dans l'absence, j'avoue, ajoute-t-elle, « que quand je pense tout d'un coup où me conduit cette dissipation, et cette magnificence d'heures et de jours, je tremble, je n'en trouve plus d'assurés, et la raison me présente ce qu'infailliblement je trouverai dans mon chemin. » (1) N'est-ce pas la poésie des oraisons funèbres, et quelque chose aussi de leur mâle vigueur ? Ailleurs épouvantée de voir de près la vieillesse, je voudrais gagner, dit-elle, « de ne pas aller plus loin, de ne point avancer dans ce chemin des infirmités, des douleurs, des pertes de mémoire, des défigurements qui sont près de m'outrager, et j'entends une voix qui dit : *Il faut marcher malgré vous*, ou bien si vous ne voulez pas, il faut mourir, etc. » (2) Cette voix sans doute, messieurs, vous la reconnaissez tous ; c'est celle qui, dans Bossuet, nous a dit : *Marche, marche* : elle n'était pas alors plus forte et plus puissante.

Il est trop glorieux à madame de Sévigné de se trouver rapprochée du plus beau de nos génies, pour que je sépare déjà son nom d'un si grand

[18] V. les notes. Note [18].

(1) T. 8, p. 273.

(2) T. 9, p. 234.

nom. Il me semble en effet que plus d'un nœud les lie. Je retrouve chez tous deux même élan, même ardeur, même abandon naïf, pittoresque ou sublime, même impropriété poétique et hardie[19], même usage d'une langue heureusement latine[20], surtout même variété et même justesse dans le tour. Leur mouvement toujours vrai se renouvelle sans cesse. Chez eux, l'exclamation et la vive apostrophe, ces écueils assurés de toute inspiration fausse, sont le langage passionné d'une verve sincère ; c'est le cri qui part de l'âme, et se fait entendre d'elle (1).

Ces deux auteurs si hardis, si entraînants, si émus, nous pressent sans relâche, et nous forcent de les suivre, souvent même nous croyons les avoir devancés : le trait qui leur échappe est si vrai et si juste; qu'ils semblent pour ainsi dire le recueillir sur nos lèvres : nous dirions que, comme Socrate, ils achèvent seulement d'enfanter notre pensée. Pourtant quelque sympathie que leur génie nous inspire, la prudence nous défend de marcher sur leurs traces : ce sont de très grands maîtres qui ne sauraient faire école.

Leur livre souvent lu échauffe la pensée, mais

[19] V. les notes, note [19].

[20] V. les notes, note [20].

(2) C'est surtout par le cri que l'acteur, s'il ne nous glace de crainte, trahit sa froideur et son impuissance.

ne peut nous inspirer jamais qu'à notre insu, et le souvenir ne doit en être chez nous qu'involontaire. C'est le phare qui éclaire de loin et guide les voyageurs, mais qui deviendrait pour eux un dangereux écueil, si le pilote imprudent y dirigeait sa course. On le sait, l'élan facile de ce style si rapide dans sa témérité, cette liberté de mouvement, et le bonheur de cette audace ont tenté et perdu plus d'un imitateur. Des copistes ont cru qu'une forme inanimée et quelques tours étranges suffiraient à reproduire d'inimitables chefs-d'œuvre, et pourraient suppléer le vrai et l'à-propos. Je crois voir cette Bretonne, dont notre charmant auteur nous raconte l'histoire, et qui vient lui demander d'assurer le gain de sa cause, en lui prêtant le *factum* qui a fait le succès de la sienne (1).

Mais je songe que, louant madame de Sévigné, j'ai presque énuméré tous ses titres à la gloire, et n'ai rien dit encore du plus gracieux de tous. Je parle de son génie, et j'oublie sa tendresse. Pourtant quel charme heureux ne prête point à son livre l'expression toujours vraie d'un dévouement sans bornes! Cette ardente amitié, sous combien de formes piquantes, vives, inattendues, n'en sait-

(1) T. 2, p. 220. « L'envie que vous avez d'envoyer ma première lettre à quelqu'un m'a fait rire, et *souvenir d'une Bretonne qui voulait avoir un factum, qui m'avait fait gagner un procès, comme un sûr moyen de gagner le sien.* »

elle pas chaque jour renouveler le témoignage? Combien de tours ravissants que sa passion invente : combien de mots créés pour révéler son âme! Tantôt il lui paraît qu'elle se trouve dans l'absence *toute nue et dépouillée*, (1) tantôt son attachement déplace la douleur, et lui fait prendre *pour elle les souffrances de ce qu'elle aime* : (2) tantôt..., mais je citerais le livre tout entier. L'élan irrésistible d'un sentiment profond se trahit incessamment dans ces pages brûlantes, et témoigne à jamais d'une tendresse que le doute a osé calomnier. Je dirai de ses lettres ce qu'elle-même dit quelque part dans cette langue qui est la sienne: « Elles ont ce caractère de vérité qui se maintient toujours, qui se fait voir avec autorité, pendant que la fausseté et la menterie demeurent accablées sous les paroles sans pouvoir persuader : plus leurs sentiments s'efforcent de paraître, plus ils sont enveloppés. » (3) Ces lignes inspirées suffisent à la défendre : toute sa correspondance en est le commentaire.

Une autre apologie qui semble plus difficile, et que rend plus dangereuse un nom bien imposant,

(1) T. 2, p. 241.

(2) T. 2, p. 224 « Que *votre ventre me pèse*, ma chère petite! » et t. 2, p. 242. « La bise de Grignan... *me fait mal à votre poitrine*, etc.

(3) T. 1, p. 241 : elle parle des lettres de sa fille.

c'est celle de quelques jugements échappés à sa plume.

Voltaire, se rappelant qu'elle dédaigne plus d'une fois son breuvage favori, et qu'elle a loué froidement l'auteur de Bajazet, s'est animé contre elle d'une dangereuse colère de gourmand et de tragique. Il a cru se souvenir qu'elle avait d'un même trait insulté ces deux gloires, objet de son estime à des titres si divers. Aussi, bien que célébrant son esprit et sa grâce, il lui refuse le goût, ce don rare et précieux, que nous croirions devoir être son premier apanage. Avant d'examiner un jugement si sévère, je dirai seulement un mot de sa forme même(1). Vous y remarquez, messieurs, une inexactitude qui peut rendre la pensée suspecte d'injustice, et ce soupçon sans doute deviendra plus grave encore, si nous reconnaissons le même oubli des faits chez d'autres ennemis de notre illustre auteur(2). Leur critique, on le voit, ne naît point d'une étude curieuse et sincère; ce n'est point le souvenir présent du livre qu'on achève,

(1) C'est dommage, dit-il (siècle de Louis XIV, art. Sévigné), *qu'elle manque absolument de goût*, qu'elle ne sache pas rendre justice à Racine; qu'elle égale l'oraison funèbre de Turenne, prononcée par Mascaron*au, grand chef-d'œuvre de Fléchier.* » Cette assertion est inexacte.

(2) M. de Nivernais (dialogue entre Pline et Mme de Sévigné), croit avoir lu dans les lettres de Mme de Sévigné l'aveu d'un trait de vanité que raconte Bussy, etc.

c'est l'arrêt que prononce une mémoire incertaine, ou bien, le frivole écho des critiques du monde.

Je reviens à l'opinion exprimée par Voltaire. Serait-il trop hardi d'oser dire, messieurs, qu'aux siècles où le génie brille du plus vif éclat, la critique n'atteint guère toute sa perfection, et que le goût qui produit ne donne pas toujours la mesure de cet autre goût qui juge? (1) L'exemple de ces siècles mêmes enseigne aux âges suivants des secrets que souvent les maîtres possèdent à leur insu. Voltaire, exempt de passions, devait juger plus sûrement que l'auteur de l'Art poétique. Et nous-mêmes, sur quelques points de cette doctrine immense, nous semblons en savoir plus que ces génies sublimes, nous qui ne sommes pourtant que leurs humbles commentateurs, comme autrefois le vulgaire entendait les paroles de la Pythie inspirée, qui ne se comprenait pas.

Madame de Sévigné a trop peu loué Racine ; mais Boileau n'a rien dit de l'auteur divin des fables, et son silence, messieurs, est une condamnation ; car la crainte du pouvoir n'a point retenu sa plume, et j'aime mieux reprocher une erreur qu'une lâcheté, même au plus éclairé des critiques de son

(1) M. Villemain, éloge de Montaigne, après avoir parlé du 17e siècle : « Un siècle nouveau succède, aussi fameux que le précédent, *plus éclairé peut-être, plus exercé à juger*, etc.

siècle (1). Combien de fois n'a-t-on pas recueilli d'une bouche glorieuse des sentences injustes, et plus tard rétractées par leur auteur lui-même? Mais, messieurs, sans parler de ces jugements divers, se croit-on toujours d'accord lorsqu'on admire ensemble? Ce qu'on loue en commun, l'approuve-t-on au même titre?

Je citerai pour exemple un esprit bien puissant: le grand Condé, messieurs, jugeait-il comme nous le théâtre du grand Corneille? Ces larmes que Voltaire a rendues immortelles, (2) elles coulaient peut-être encore où s'arrêtent les nôtres. Ne le savons-nous pas? chaque siècle, chaque homme retrouve dans un livre ce qui flatte ses goûts, ses passions, ses idées, et souvent des idées et des passions contraires, comme on voit quelquefois dans les discordes civiles, deux partis opposés se ranger sous le même drapeau. Et si l'on veut, messieurs, remonter plus haut encore, que sera-ce que l'histoire de toute guerre religieuse? un seul livre commenté en des sens différents.

Ne soyons donc pas surpris de voir échapper

(1) Dans le Bolæana, p. 55, on lit ce jugement de Boileau : il disait « que Lafontaine *avait beaucoup d'esprit, mais qu'il n'avait qu'une sorte d'esprit* : encore prétendait-il que cette manière si naïve de dire les choses.... n'était pas originale, puisqu'il la tenait de Marot, de Rabelais, etc. » V. pourtant *Ibid.*, p. 56 et 114.

(2) Le grand Condé pleurant aux vers du grand Corneille. Le Russe à Paris.

l'erreur à ces mêmes écrivains si parfaits dans leur œuvre. L'histoire de nos jugements est celle de nos habitudes peut-être plus encore que de notre intelligence. De là cet attrait si vif que nous conservons tous pour quelques livres légers, charme de nos premiers jours, de là le goût de cet esprit si délicat, si élevé, pour d'étranges productions qu'elle admira jadis; et qu'elle raille aujourd'hui sans pouvoir les quitter(1). On change ses opinions, mais on ne change pas son cœur. Là se trouve encore le secret de son hésitation à reconnaître les droits d'une gloire naissante, rivale d'une autre gloire plus chère et plus sacrée. Au souvenir de Corneille était lié pour elle le souvenir si puissant des joies de sa jeunesse, de ses premiers succès, de ses jours les plus heureux. On le sait, nous n'aimons guère à partager nos louanges, et une autre admiration nuisait au culte pur qu'elle voulait conserver à l'auteur de Cinna.

Enfin ne l'oublions pas, le poète des femmes, c'était Corneille alors, et non le peintre ravissant d'Andromaque et de Junie. Ces héroïnes si tendres, si brillantes à nos yeux de douceur et de grâce, ne semblaient point assez mâles[21] aux

(1) T. 2, p. 94 : Mon fils fait lire Cléopâtre à la Mousse, et malgré moi, je l'écoute, et j'y trouve encore quelques amusements. » V. aussi Klostermann, p. 222.

[21] V. notes à part. Note [21].

Frondeuses gâtées par des grades militaires (1). Racine méconnaissait leur force et leur puissance : Corneille les retraçait mieux et elles le croyaient plus vrai (2) ; Racine, en leur prêtant des charmes irrésistibles, obtenaient d'elles à peine quelques froids applaudissements ; Corneille leur donnait les royaumes de la terre, et elles s'empressaient de l'adorer.

Madame de Sévigné, si modeste et si sage, était ravie pourtant de ces portraits hardis ; elle goûtait la fierté d'Émilie, de Rodogune, comme on se passionne souvent pour les sentiments mêmes que l'on ne connaît pas ; comme elle était émue d'un acte de courage, elle qui s'étonnait de sa faiblesse indigne du sang des Rabutin. Elle aimait à se croire intrépide, hautaine, dans le rêve d'un moment, en entendant Cinna.

Mais, messieurs, pourrions-nous ne point garder d'indulgence pour quelques jugements timides, dictés le plus souvent par une défiance modeste de ses propres lumières, quelquefois par le respect d'une chère autorité ? Rappelons-nous ces arrêts pleins de raison et de goût, qui lui échappent au

(1) Lettre de Gaston, duc d'Orléans « à Mmes les comtesses maréchales-de-camp dans l'armée de ma fille contre le Mazarin. » (V. Mémoires de Mademoiselle). Ces comtesses étaient Mmes de Fiesque et de Frontenac.

(2) C'était l'opinion de Corneille lui-même. (V. Segraisiana, p. 64. 65) son jugement sur Bajazet qu'il voit représenter. V. aussi M. Guizot, P. Corneille, p. 273.

hasard, et que le temps est venu confirmer après elle. Je ne la louerai point d'avoir cent fois vanté les divines *Provinciales*, mais j'admire qu'une femme ait compris le lien qui unit l'auteur des *Lettres* à celui du Phédon (1). Elle n'a lu qu'en français l'élève de Socrate, et ses beautés antiques ne lui ont point échappé : elle a soulevé le voile qui les couvrait à demi, et dans l'œuvre de Pascal, elle sait démêler l'imitation sublime. C'est ainsi que Lafontaine, au dire d'un grand maître (2), juge mieux que les érudits ce même Platon, dont la langue aussi lui est étrangère.

Enfin l'éloge du goût de Madame de Sévigné, j'aime à le chercher surtout dans son œuvre elle-même. Là, j'en rencontre partout l'éclatant témoignage ; ce que j'y trouve n'est pas un instinct inégal des vérités de l'art, ce discernement habile et faible tour à tour, qui élève ou laisse tomber le génie de Corneille, qui lui dicte les beaux vers où le Lutin a part, et ne sait point effacer ceux qu'on

(1) T. 9, p. 263. « Peut-on avoir un style plus parfait, une raillerie plus fine, plus naturelle, plus délicate, plus digne fille de ces dialogues de Platon, qui sont si beaux ! »

(2) Bayle v. Lafontaine, édition Walckenaer t. 6, p. 344.

(3) Molière disait de Corneille : (Eloge de Boileau par d'Alembert, note 12.) « Il a un lutin qui vient de temps en temps lui souffler d'excellents vers, et qui ensuite le laisse en disant : voyons comme il s'en tirera quand il sera seul, et il ne fait rien qui vaille, *et le lutin s'en amuse.* »

lit à regret. Non ; j'y vois ce goût varié, exquis et toujours sûr, ce sens toujours présent des beautés littéraires, dont Voltaire et Racine ont eu le privilége. Comme eux, tendre ou plaisante, élevée, familière, est-il un don précieux qu'elle n'ait possédé, une grâce dont le secret échappe à son génie ?

Enfin un dernier gage de la pureté de son goût, est à mes yeux, le progrès si marqué de son style. On a cru la louer, en égalant le début éloquent de son livre à l'œuvre plus avancée de sa plume déjà savante. A Dieu ne plaise que j'accepte un si funeste éloge (1) ! Malheur à l'écrivain qui ne devrait rien au temps, et sur qui les années passeraient sans l'instruire !

De tous les esprits puissants, un seul génie peut-être me semble gagner peut de chose à cette école de l'âge, parce que dès le premier pas, il avait atteint le but, et touché de bien près à la perfection même. C'est l'œuvre merveilleuse de sa facilité, et de cet heureux hasard qui dans un siècle glorieux le fit naître après tous. Vous devinez, messieurs, que je parle de Voltaire. Nous venons de le voir juge bien rigoureux de Mme de Sévigné, et nous retrouvons en lui son plus heureux rival.

(1) Cicer. de orat. liv. 2, c. 21. « Non potest in eo succus esse diuturnus, quod nimis celeriter est maturitatem assecutum.

Comme elle, éblouissant de grâce, d'esprit et de feu, Voltaire, sans plus d'effort a conquis autant de gloire. Tous deux, abandonnés, faciles, irréfléchis, atteignent sans y penser la perfection de l'art, et laissent en se jouant échapper des chefs-d'œuvre. Mais les lettres de l'un, plus variées, plus nombreuses (1), ne sont que l'accident de sa vie si occupée; et comme le superflu de son rare génie; l'autre a mis dans les siennes *la fleur de son esprit* (2), son cœur et sa pensée; elle est là tout entière. Voltaire semble plus rapide encore, et plus piquant, Mme de Sévigné plus brillante, plus ferme, et plus originale. L'un a plus de saillies, et l'autre plus d'éclat; le trait moins abondant chez Mme de Sévigné, éblouit davantage, et se grave plus avant dansnotre souvenir (3).

Tous deux savent se défendre, et par leur esprit même, de l'abus de l'esprit, si commun dans leur siècle. D'une pureté, d'un

(1) Voltaire, 10 octobre 1760, écrit à Mme du Deffant qu'il a *dix ou douze lettres à faire par jour*. Cette assertion peut bien être exagérée; mais même réduite au vrai, elle doit nous faire supposer que nous sommes bien loin de posséder toutes les lettres de l'auteur.

(2) T. 2, p. 104.

(3) Nous ne trouvons chez Voltaire rien d'égal à ce *canon chargé de toute éternité*, aux passages que nous avons plus haut opposés à Bossuet, etc.

goût, d'une politesse exquise, leur prose ne vieillit pas, et le temps ne flétrit point sa grâce et sa fraîcheur. Mais de ces deux écrivains, l'un hâte dans sa marche une langue qui touche au terme de ses progrès, l'autre d'un bras puissant l'arrête dans son déclin.

Je n'essayerai pas de pousser plus loin ce parallèle; je n'opposerai pas les ardentes passions du poète philosophe à l'esprit modéré de la femme paisible et pure : Mme de Sévigné aurait trop d'avantage.

Un tel rapprochement semble presque m'interdire toute autre comparaison : aussi ne dirai-je qu'un mot d'une femme qui sans l'atteindre, est venue se placer près d'elle. Ferme, élégante, ornée, d'une intelligence mâle, enrichie par l'étude, Mme Montagu n'a pourtant ni la grâce, ni la brillante souplesse et l'éclat de sa rivale. Moins rapide, moins vive, elle plaît plus qu'elle n'émeut et pense le plus souvent au lieu de sentir et de peindre. Mais surtout moins naïve et moins abandonnée, elle juge son livre, et prophétise tout haut la destinée de son nom (1). Bien différente, messieurs, Mme de Sévigné, tremble en se voyant si

(1) V. Mme Montagu (édition Baudry, 1837, 2 vol. in-8°) t. 1, 359, et t. 2, p. 146.

près de Voltaire et de Nicole : et maintenant cette femme incrédule à ses louanges, si loin dans sa pensée de la renommée et de l'avenir, elle donne la main aux premiers de nos grands hommes ! Lafontaine, Bossuet, disons-le avec elle plus justement : *Quels noms* (1) ! Elle est sœur de leur génie, elle touche à leur gloire.

Placée si haut sans doute, Mme de Sévigné ne craint pas la malveillance. Si cependant un juge gardait toute sa rigueur pour quelques torts légers où la grâce eut tant de part, je rappellerais, messieurs un mot du bon Henri : « Votre maître, disait-il, à l'envoyé d'Espagne, n'est-il pas assez grand pour avoir quelque faiblesse ? » Songeant à cette parole d'un prince qu'on aime encore, qui donc oserait juger sans un peu d'indulgence un auteur ravissant, la femme la plus aimable du siècle le plus poli !

(1) Voiture et Nicole, *bon Dieu quels noms !* t. 9, p. 358.

NOTES SUPPLÉMENTAIRES.

PREMIÈRE PARTIE.

Note 1, *p.* 2.

J'ai dit qu'elle créa le genre épistolaire. Avant elle sans doute on avait eu Pasquier, le cardinal d'Ossat, St-François de Sales, Henri IV dont les lettres sont si vives et si originales. Mais ces auteurs, si on en excepte tout au plus Henri IV, ne ressemblent en rien à Mme de Sévigné.

Mademoiselle, dans sa Princesse de Paphlagonie parlant de la comtesse de Maure, et de Mme de Sablé, dit : « Leurs conférences ne se faisaient pas comme celles des autres. La crainte de respirer un air trop froid ou trop chaud, l'appréhension que le vent ne fût trop sec ou trop humide, étaient cause qu'elles s'écrivaient d'une chambre à l'autre. (Cela rappelle Mme de Staël et Mme R., s'écrivant sur une même table). *C'est de leur temps que l'écriture a été mise en usage.* On n'écrivait que les contrats de mariage : *de lettres on n'en entendait pas parler.*

En 1663, Cottin publia des lettres que quelques dames lui avaient adressées, mais dont personne ne se souvient aujourd'hui. (V. M. Rœderer, *Société polie*, p. 114).

Note 2, p. 3.

Pélisson, Histoire de l'Académie, édit. de 1743, t. 1, p. 108.

« D'une voix enrouée et d'un battement d'aile,
« Anime le canard qui languit auprès d'elle.

Il s'agit de la canne.

Il (Richelieu) lui donna (à Colletet) de sa propre main cinquante pistoles avec ces paroles obligeantes, que c'était *seule-*

ment pour ces deux vers qu'il avait trouvés si beaux, et que le roi n'était pas assez riche pour payer le reste. »

N. 3, *p*. 3.

Édition de Balzac, in-fol. 1665, t. 2 p. 216, Relation de sa mort.

« Il (Balzac) l'embrassa en effet avec un transport de joie incroyable et versa dans son sein une effusion d'amour qui étouffa agréablement dans leur esprit le souvenir de leur ancienne querelle. M. de Jaurezac en fut si touché, *que sur l'heure, les yeux tout trempés de larmes, il fit un sonnet pour pleurer à jamais la perte de son ami*, et se plaindre de la cruauté de la mort qui lui enlevait une si précieuse dépouille.

Note 4, p. 5.

On a dit de nos jours *le froid Racine;* cette épithète célèbre n'était qu'une traduction et un plagiat. Dans le livre de Lucien (ὁ Ῥητόρων διδάσκαλος, c. 17), on lit : εἴ τι ὁ λῆρος Ἰσοκράτης, ἢ ὁ χάριτων ἄμοιρος Δημοσθένης, ἢ ὁ ψυχρὸς Πλάτων etc. Ces mots devaient se rencontrer dans un traité qui semble le tableau de la littérature de nos jours.

Note 5, P. 18.

Comme tous les esprits lucides et vigoureux, elle parle admirablement de tout. Est-il question de batailles et de siéges, elle est claire, pittoresque, plaisante même.

Tantôt c'est M. de Lorges « à cheval sur un coup de canon » (t 3, p. 336), tantôt M. de Créqui « fait des miracles : il nettoye la tranchée tous les deux ou trois jours avec une propreté extraordinaire » (t, 3, p. 459). Bossuet a peint la bataille de Rocroi avec plus d'imagination et autant de feu que Napoléon en met dans le récit de ses campagnes.

Note 6, *p.* 20.

L'indécence est presque tout entière dans la surprise (1). De là l'emploi des périphrases, des mots équivoques (2). Ce que nous n'oserions dire dans notre propre langue, nous pouvons le risquer dans une langue étrangère : c'est que ce nouvel idiôme arrête la pensée par un léger obstacle : dans notre langue, le mot, c'est la chose elle-même : la parole est un tableau.

—

Note 7, *p.* 20. V. sur la décence chez les anciens la Lettre de Cicéron *ad Famil.*l. 9, *ep.* 22.; *le De Officiis*, l. 1, c, 35; la *Rhétorique* d'Aristote, l. 3, c. 2, et M. Rœderer, *Société polie*, p. 74.

—

Note 8, *p.* 24, T. 6, p. 340. « Vous ririez de voir comme tous les vices et toutes les vertus sont jetées pêle-mêle dans le fond de ces provinces; car je trouve des âmes de paysans plus droites que des lignes, aimant la vertu comme naturellement les chevaux trottent, etc. »

—

Note 9, p. 25.

Bossuet, sermon sur l'unité de l'église, 1681, (éd. Lebel. t. 15, p. 517) dit en parlant des martyrs mis à mort sous les empereurs, « Le même sang qui rend témoignage à l'Évangile, le rend aussi à cette vérité : que nul prétexte ni nulle raison ne peut autoriser les révoltes : qu'il faut révérer l'ordre du ciel et le caractère du Tout Puissant dans tous les princes quel qu'ils soient; puisque les plus beaux temps de l'église nous le font voir sacré et inviolable, même dans les princes persécuteurs de l'Évangile. Ainsi

(1) N'en est-il pas de même à peu près du comique ?

(2) C'est peut-être ici qu'on pourrait dire de la parole qu'elle nous a été donnée pour cacher notre pensée.

leur couronne est hors d'atteinte : l'*église leur a érigé un trône dans le lieu le plus sur de tous et le plus inaccessible, dans la conscience même, où Dieu a le sien ;* et c'est là le fondement le plus assuré de la tranquillité publique. »

Note 10, *p.* 25.

Ne rencontre-t-on pas ce fait dans l'histoire de tous les partis ? Les auteurs mêmes de certaines vengeances rougissent un jour et s'étonnent de les avoir ordônnées.

Note 11, p. 26.

Dragonnades ; opinion du temps.

Je crois pouvoir placer ici l'appréciation de quelques paroles échappées à Mme de Sévigné sur les dragonnades (t. 7, p. 348, 349 et 356). On y a vu une légèreté cruelle ; elles étaient seulement, je crois, l'élan de sa conviction. Ici encore la question se ramène à l'examen des opinions du temps. La tolérance ne se concilie guère avec une foi bien vive. Mme de Sévigné, comme tout le monde alors, ne voulait pas qu'on laissât aux protestants *la liberté de se damner* (1). Bossuet me semble peu tolérant dans son fameux sermon sur l'unité de l'église (1681). Je recueille ici les noms de quelques personnages célèbres qui ont loué la révocation de l'édit : c'est peut-être la meilleure apologie de Mme de Sévigné.

Quinault converti, chante les dragonnades sous le titre de l'hérésie détruite.

(1) Vers le même temps elle écrivait : « On croit que Mme l'Électrin pourrait bien venir en France, si on lui assure qu'elle pourra vivre *et mourir dans sa religion, c'est-à-dire qu'on lui laisse la liberté de se damner.* »

Laofntaine, encore indifférent aux croyances religieuses, cède à l'opinion; il loue le souverain d'avoir vaincu l'erreur, et s'étonne qu'Innocent XI, s'oppose aux persécutions (V. M. Walckenaër, vie de Lafontaine, p. 246 et 294, 1re édit.).

Racine blâme le pontife pour la même cause, prologue d'Esther. *Lamonnoye* traduit les vers de *Santeuil*, et *Fontenelle* ceux du P. *le Jay* sur cet acte glorieux du pouvoir. (Éloges de d'Alembert, t. 4, p. 11 et 14.) *Lamotte* et *La Bruyère* cèdent à l'exemple (M. Walcken, p. 246 et 277). Enfin Mme *Deshoulières* (Ib p. 477) surpasse tous les flatteurs; et Mlle Scudéri, d'une douceur connue, écrit à Bussy: « Le roi fait des merveilles contre les Huguenots; *c'est une œuvre chrétienne et royale,* et l'autorité dont il se sert pour les ramener à l'union de l'église, leur sera salutaire à la fin, et au pis aller à leurs enfants, qui seront élevés dans la pureté de la foi. Cela lui attirera bien des bénédictions du ciel. » (Mme de Sévigné, t. 7, p. 353). Je n'ai pas besoin d'ajouter que *Bussy* parle dans le même sens.

Enfin on peut voir dans la *Revue Britannique* (février 1834, art. intitulé *Les Protestants des Cévennes*), une lettre bien dure de *Fléchier* sur une exécution dont le récit nous révolte.

Note 12, p. 27.

Voir lettres à Atticus, l. 14, ép. 13, la lettre que Cicéron adresse à Antoine, et comparer les expressions de cette lettre avec le langage qu'il tient à Atticus lui-même.

Antoine produisit plus tard cette lettre, et Cicéron avait mérité qu'on en fît usage contre lui. (V. 2e Phil. c. 7, 8 et 9.)

Note 13, p. 27.

Je ne parle pas des pseudonymes amusants sous lesquels il se cache sans cesse (1). Cicéron lui avait donné l'exemple de nier un

(1) Par exemple, lorsqu'à propos du droit du Seigneur, qu'il a attribué tour à tour à vingt auteurs différents, il écrit à Thibouville, 26 janvier 1762 : « Je m'intéresse fort à cette pièce : je sais qu'on me l'attribue; *mais elle est d'un académicien de Dijon*; *regardez-moi comme un malhonnête homme, si je mens.* » Voltaire était de l'Académie de Dijon.

ouvrage qui aurait pu le compromettre. (V. l. 3 à Atticus, ep. 12.) Mais il était odieux d'écrire à Richelieu, 23 Auguste 1765 : « Tout ce que je demande, c'est qu'on ne m'impute point *les rogatons dont Rousseau inonde ce pays*. On a grand soin de mettre de temps en temps sous mon nom des *Dictionnaires philosophiques*, et autres *ravauderies*. Je suis bien loin de m'amuser à ces sottises ; *ma santé est devenue si mauvaise*, *que je ne songe plus qu'à mourir*. » A d'Argental 1er avril 1767 : *Il y a un baron d'Holbach* à Paris qui fait venir toutes les brochures imprimées à Amsterdam, chez Marc-Michel Rey. *Ce libraire, qui est celui de J.-Jacques,* les met *probablement sous mon nom*. Il est physiquement impossible que j'aie pu suffire à composer toutes ces rapsodies ; n'importe, on les met sous mon nom pour les vendre. » Et c'est le même homme qui avait écrit a Mme du Deffant, le 27 juin 1764 : « Je fais Mme la maréchale de Luxembourg juge du procédé de Rousseau envers moi, et du mien envers lui.... J'ambitionne trop son estime *pour la laisser douter* que je sois capable de me déclarer contre un infortuné, etc. » Il est étrange que Voltaire qui dit mieux que personne ce qu'il veut dire, exprime ici justement le contraire de sa pensée, et fasse sa confession au lieu de son apologie. (C'est *supposer* et non *douter* qu'il aurait dû dire).

SECONDE PARTIE.

Note 14 p. 32.

On retrouve cette dignité dans la raillerie des Provinciales, et dans la comédie de Molière. On pourrait dire, ce me semble, des écrivains de ce temps ce que Balzac dit des Romains dans sa seconde lettre à la marquise de Rambouillet. A l'aménité, ils joignaient cette grandeur « dont il leur était impossible de se défaire, parce qu'elle avait racine en eux, et n'était pas appliquée sur leur fortune... *Ils riaient même, ils se jouaient avec une sorte de dignité.*

Note 15, p. 32.

Cette gravité auguste et souvent éloquente se reconnaît dans les écrits de Louis XIV dans toutes les paroles qui ont été conservées de lui, et surtout dans la conversation rapportée par Pélisson.

—

Note 16, p. 32.

Influence des femmes à Athènes, à Rome et en France.

Nous voyons ici les femmes engager la langue dans les voies d'une élégance nouvelle, et hâter ses progrès. Le contraire arrivait à Athènes et à Rome. Les femmes y restaient attachées aux anciennes traditions du langage.

Platon, Cratyle (édition Bekker, 1817, 2e partie, t. 2, p. 74). « Socr. Οἶδα ὅτι οἱ παλαιοὶ οἱ ἡμέτεροι τῷ ἰωτὰ καὶ τῷ δελτα εὖ μάλα ἐχρῶντο, καὶ οὐχ ἥκιστα αἱ γυναῖκες, αἵπερ μάλιστα τὴν ἀρχαίαν φωνὴν σώζουσι. »

De même Cicéron, de orat. l. 3, c. 12, fait dire à Crassus : « Equidem cum audio socrum meam Læliam (faciliùs enim mulieres incorruptam antiquitatem conservant, quòd multorum sermonis expertes ea tenent semper quæ prima didicerunt : sed eam sic audio, ut Plautum mihi aut Nœvium videar audire : sono ipso vocis ita recto et simplici est, ut nihil ostentationis aut imitationis affere videatur, etc. »

Voir la suite de ce passage, où Crassus préfère la prononciation ancienne à celle de son temps, de même que Cicéron (Brutus, c. 74) préfère la langue du temps de Lélius et de Scipion à celle de son époque. « Omnes tunc ferè, qui nec extrà urbem hanc vixerant, *nec eos aliqua barbaries domestica infuscaverat*, rectè *loquebantur, sed hanc certè rem dèteriorem vetustas fecit*, etc. »

—

Note 17, p. 39.

Il y a dans cette phrase, une certaine hardiesse qui peut choquer, mais qui semble moins singulière, lorsqu'on lit dans Tallemant des Réaux, t. 2, p. 223 : (il parle de Mme de Rambouillet.)

« Elle est un peu trop délicate, et le mot de *teigneux* dans une satire ou dans une épigramme , lui donne, dit-elle, une vilaine idée. On n'oserait devant elle prononcer le mot de *cul*. Cela va dans l'excès, surtout quand on est en liberté. »

Note 18, p. 45.

Elle employe ce mot heureux de la même manière t. 8, p. 413. « Voici un temps où je n'entends plus rien : quand il me déplaît comme à présent, et que j'en désire un autre meilleur, et que je l'espère, *je le pousse à l'épaule* comme vous; et puis, quand je pense à ce que je pousse et à ce qu'il m'en coûte lorsqu'il passe et sur quoi cela roule et où cela me *pousse* moi-même, *je n'en puis plus* (1), et je laisse tout entre les mains de Dieu.

De même encore, parlant d'un paquet de lettres qu'elle a reçu, t. 7, p. 270. « Je suis assuré qu'à Paris je ne l'aurais lu qu'en courant et superficiellement : je me souviens de ce pays-là, tout y est pressé, poussé; *une pensée, une affaire, une occupation pousse ce qui est devant elle; ce sont des vagues, etc.* »

Qui ne reconnaît Bossuet? On le retrouve jusque dans la répétition négligée, mais heureuse du mot juste et nécessaire.

Note 19, p. 46.

Cette impropriété du mot, comme celle du tour ou de l'image, est familière également à St.-Simon qui en use avec génie.

Je citerai de Mme de Sévigné, comme impropres et pittoresques, les traits suivants :

T. 3, p. 275 : « *Célébrer toutes les pensées*, etc. T. 4, p. 67 : « Elle veut désabuser M. de Pompomne de ma tendresse; il n'y a plus que pour elle : Je n'ai jamais vu *un fagot d'épines si révolté*. » T. 7, p. 27 : « Mais *les volontés n'étaient pas tournées* : Il y a un temps pour tout. » T. 9, p. 164 : *aplatir les cris*, Ib.

(1) C'est là encore un mot de Bossuet.

p. 161. *Raison étranglante.* Ib. p. 171 : « Le *jugement tumultueux* qui paraît dans votre lettre, etc. »

Lettres inédites, Klostermann 1814, p. 19. « Pourvu que nous n'ayons que M. de Guitaut pour témoin *de nos confiances.* »

Ce pluriel rappelle Bossuet.

Note 20, p. 46.

T. 9, p. 15 : *santé déplorée.* T. 8, p. 301 : Sa jeunesse *lui fait du bruit,* (obstrepit) il n'entend pas T. 8, p. 341 *Débellée,* item, t. 1, p. 297, etc., etc.

Note 21, p. 52.

Fierté et influence des femmes dans la première partie du 17e siècle.

(1) *Menagiana,* t. 2, p. 332 et 333, on lit que Ménage ayant prétendu un jour qu'une femme ne devait point signer *votre très humble et très obéissante servante,* reçut le lendemain de Mlle Scudéri un billet terminé par ces mots *votre très humble servante.* Mlle Scudéri instruite de la discussion, dit : « *Il est vrai qu'on n'écrivait pas ainsi autrefois : mais aussi les dames étaient plus fières et plus réservées qu'elles ne sont aujourd'hui.*

Ib. t. 4, p. 219. Ménage dit des Caractères de La Bruyère : « Si ce livre avait paru de notre temps, il n'aurait pas eu la vogue et la réputation qu'il a ; *la raison est que les femmes y sont trop maltraitées,* et que pour lors elles étaient en *possession de décider de la destinée de ces sortes d'ouvrages.* »

Elles décidaient de bien d'autres choses ; Mme de Motteville, pleine des souvenirs de ce temps, nous dit, t. 1er, édit. 1730 p. 173.

« Les dames sont d'*ordinaire les premières causes des plus grands renversements des états* , et les guerres qui *ruinent les royaumes et les empires ne procèdent presque jamais* que des effets que produisent ou leur beauté ou leur malice. »

www.ingramcontent.com/pod-product-compliance
Ingram Content Group UK Ltd.
Pitfield, Milton Keynes, MK11 3LW, UK
UKHW031942260826
14628UKWH00004B/1803

9 782019 665586